UIC 伸柔操系列
UIC Stretch and Flex Exercises

主　编：党东梅　徐是雄
副主编：刘　静　于　涛　方文泽

西北工业大学出版社

图书在版编目（CIP）数据

UIC 伸柔操系列 / 党东梅，徐是雄主编. —西安：西北工业大学出版社，2017.3
ISBN 978-7-5612-5269-7

Ⅰ. ①U… Ⅱ. ①党… ②徐… Ⅲ. ① 保健操 Ⅳ. ①G831

中国版本图书馆 CIP 数据核字（2017）第 058569 号

策划编辑：季　强
责任编辑：李文乾

出版发行：	西北工业大学出版社
通信地址：	西安市友谊西路 127 号　　邮编：710072
电　　话：	(029) 88493844　88491757
网　　址：	www.nwpup.com
印 刷 者：	陕西金德佳印务有限公司
开　　本：	787 mm × 1 092 mm　　1/16
印　　张：	9.75
字　　数：	164 千字
版　　次：	2017 年 3 月第 1 版　　2017 年 3 月第 1 次印刷
定　　价：	63.00 元

健康为幸福之本，UIC伸柔操既让UIC师生得益，亦适用于更广大的群体。

吴清辉★

(★北京师范大学-香港浸会大学联合国际学院校长，教授)

# 前言

　　北京师范大学－香港浸会大学联合国际学院（United International College，简称UIC），是首家中国内地与香港高等教育界合作创办的大学，自2005年成立至今，已发展成为一所拥有独特教育理念的国际化大学。学校注重体育文化的构建和体育课程的创新，并且基于学校女生居多的现实状况，成立了健身操领导小组，专门负责创编不同系列的UIC伸柔操（UIC Stretch and Flex Exercises），工作的重点在于将单个动作进行全新的组合，从而形成系统、流畅的练习套路，并将创编成果作为UIC体育文化的一个重要组成部分。

　　现将该系列伸柔操向社会推广，激发全民健身热情。该系列伸柔操注重动作的简单易学、简洁流畅，强调呼吸与动作的配合，配以舒缓的背景音乐，讲求身心的协调统一。该系列伸柔操共八套，分别是UIC基础伸柔操、UIC给力伸柔操、UIC健身球操、UIC哑铃操、UIC弹力带操、UIC弹力绳操、UIC基础气功动柔操和UIC深度气功动柔操。每个动作都附有照片及文字说明，锻炼时可以依此进行。所有练习，或徒手或使用轻小器械，都可以在室内完成，不受场地限制，非常方便。

　　这八套操所提供的是基本锻炼，其中某些动作增加了难度和力度，练习时需要花费更多的力气。可根据自身需要和喜好，选择一套或者多套长期练习。必须指出，身体不适或有病痛时需停止锻炼，并遵循医嘱。

　　党东梅、徐是雄任本书主编，完成组织编写、统稿等工作；刘静、于涛、方文泽任副主编。书中的练习套路由党东梅、刘静、于涛和方文泽创编，照片拍摄由多位UIC电视电影专业的学生帮助完成，陈适晖博士协助完成了部分文字工作。

　　本书的产生，得益于学校领导的深切关怀；能够在短时间内落地成型，得益于健身操领导小组各成员的建言献策；能够快速出版发行，得益于学校科研处和财务处的大力支持。在此，向郭海鹏教授、许方龙教授、石磊教授、韩静女士以及李建会教务长、张根发教务长和陈立信先生表示衷心的感谢！

　　鉴于水平有限，书中难免存在不足，希望各位专家、学者以及读者朋友予以批评指正！

党东梅　徐是雄
2017年1月

目录

第一套 UIC 基础伸柔操

热身

一、盘腿调息 ………………………………………… 2
二、颈部拉伸 ………………………………………… 2
三、肩部拉伸 ………………………………………… 4
四、臂部拉伸 ………………………………………… 4
五、背部拉伸 ………………………………………… 5
六、体前屈 …………………………………………… 5

基础伸柔

一、仰卧起身 ………………………………………… 6
二、单腿抱膝 ………………………………………… 6
三、举双腿 …………………………………………… 7
四、单腿画圈 ………………………………………… 8
五、双腿空中开合 …………………………………… 8
六、仰卧挺髋 ………………………………………… 9
七、仰卧挺髋单抬腿 ………………………………… 10
八、含胸抱膝 ………………………………………… 11
九、矩形转体 ………………………………………… 11
十、坐姿转身 ………………………………………… 12
十一、侧卧单举腿 …………………………………… 13
十二、下腿靠拢上腿 ………………………………… 13
十三、蛙泳 …………………………………………… 14

十四、侧卧挺髋 ………………………… 15
十五、背起 ……………………………… 15
十六、肘膝支撑 ………………………… 16
十七、单腿拉伸 ………………………… 17

放松整理

一、跪立后仰 …………………………… 18
二、俯身前趴 …………………………… 18
三、盘腿调息 …………………………… 18

第二套 UIC 给力伸柔操

热身

一、站立调息 …………………………… 20
二、头颈部拉伸 ………………………… 20
三、肩部拉伸 …………………………… 21
四、肩部运动 …………………………… 21
五、背部拉伸 …………………………… 22
六、腰部绕环 …………………………… 22

给力伸柔

一、仰卧起身手触膝 …………………… 23
二、仰卧转体 …………………………… 24
三、V 字卷腹 …………………………… 25
四、仰卧拧脊椎 ………………………… 26
五、后翻 ………………………………… 26
六、空中漫步 …………………………… 27
七、腿部拉伸 …………………………… 27
八、双臂后支撑 ………………………… 28
九、前踢后摆 …………………………… 29
十、内收抬腿 …………………………… 30

十一、单臂侧支撑 ……………………… 30
十二、天鹅抬头 ………………………… 31
十三、俯卧支撑 ………………………… 32
十四、跪撑平衡 ………………………… 32

放松整理

一、跪坐 ………………………………… 33
二、站立后屈腿 ………………………… 34
三、燕式平衡 …………………………… 34
四、调息 ………………………………… 34

第三套 UIC 健身球操

一、滚球伸展 …………………………… 36

站姿

二、举球转体 …………………………… 37
三、持球侧点地 ………………………… 38
四、四方移动 …………………………… 38
五、站立滚球 …………………………… 39
六、举球画圆 …………………………… 40
七、弓步下蹲 …………………………… 41
八、滑步劈球 …………………………… 42
九、抱球蹲起 …………………………… 42

坐球

十、髋部扭动 …………………………… 43
十一、坐球转体 ………………………… 44
十二、坐球举腿 ………………………… 45
十三、坐球划臂 ………………………… 46

躺球

十四、扩胸运动……47
十五、球上翻身……48
十六、美人鱼……49
十七、球上卷腹……50

跪姿

十八、侧滚球……51
十九、侧压球……51
二十、侧控腿……52
二十一、侧举手……53
二十二、侧人鱼……54
二十三、天鹅抬头……54
二十四、跪姿游泳……55
二十五、球上飞翔……56
二十六、后抬腿……56
二十七、跪撑平衡……57
二十八、球上俯卧撑……57
二十九、卷球……58

俯卧

三十、小燕飞……59

仰卧

三十一、仰卧起身……60
三十二、蹬自行车……61
三十三、双脚接球……62
三十四、单脚滚球……62
三十五、仰卧顶髋……63
三十六、夹球翻滚……64

三十七、左右摇摆……65
三十八、婴儿摇摆……65

第四套 UIC 哑铃操

一、前臂绕环……68
二、蹲起……68
三、哑铃前平举……69
四、弓步下蹲……70
五、上提哑铃……71
六、侧踢腿……71
七、上提腿……72
八、上举哑铃……72
九、哑铃画圈……73
十、弓步提哑铃……73
十一、下蹲平举……74
十二、屈臂平举……75
十三、弓步展肩……76
十四、俯身触地……76
十五、侧弓步……77
十六、提腿侧劈……78
十七、哑铃转体……78
十八、提拉伸展……79
十九、跪撑平举……80
二十、侧伸展……81
二十一、侧卧抬腿……82
二十二、俯卧后屈腿……82
二十三、俯卧起身……83
二十四、仰卧推举……83
二十五、仰卧伸臂……84
二十六、仰卧起身……84

二十七、放哑铃…………………………85

二十八、双脚夹哑铃……………………86

第五套　UIC 弹力带操

一、胸部练习……………………………88

二、肩部练习……………………………92

三、腰背练习……………………………95

四、腰腹练习……………………………98

五、下肢练习…………………………102

第六套　UIC 弹力绳操

一、肱二头肌练习………………………106

二、三角肌及胸肌练习…………………106

三、三角肌练习…………………………107

四、肱二头肌及胸肌练习………………107

五、斜方肌及三角肌练习………………108

六、背肌及腹外斜肌练习………………109

七、竖脊肌练习…………………………109

八、背阔肌及三角肌练习………………110

九、背肌练习……………………………110

十、股直肌练习…………………………111

十一、背阔肌及臀肌练习………………112

十二、髋部练习…………………………112

第七套　UIC 基础气功动柔操

基本要领

一、由浅至深、力度适中……………114

二、动作柔畅、舒展连贯……………114

三、松紧得当、刚柔有度……………114

基本手型与步型

一、基本手型…………………………115

二、基本步型…………………………116

UIC 基础气功动柔操动作图解

预备式（起式）………………………117

第一式　蛟龙出海……………………117

第二式　春燕报喜……………………120

第三式　挽弓射日……………………121

第四式　麻姑献寿……………………123

第五式　翻江倒海……………………125

第六式　直上云霄……………………128

收势……………………………………129

第八套　UIC 深度气功动柔操

UIC 深度气功动柔操动作图解

预备式（起式）………………………132

第一式　霸王举鼎……………………133

第二式　左右推山……………………134

第三式　海底捞月……………………136

第四式　武松擒虎……………………137

第五式　莲开并蒂……………………139

第六式　遨游蓬莱……………………140

收势……………………………………142

参考文献…………………………………144

第一套 UIC 基础伸柔操

UIC Basic Stretch and Flex Exercises

党东梅 创编

热 身

一、盘腿调息

动作：自然盘腿坐立，双手搭膝，立直腰背，深呼吸几次。

提 示
整套动作用鼻子吸气，嘴巴呼气。

二、颈部拉伸

主要锻炼部位：颈部

① 十指交叉抱头，屈肘下压头部。

提 示
每个拉伸动作保持10~15秒，自然呼吸。

② 双手抵住下颌，向上推送，头部后仰。

第一套　UIC 基础伸柔操
UIC Basic Stretch and Flex Exercises

③ 右手扶膝，左手向左压头。

④ 左手扶膝，右手向右压头。

⑤ 右手指尖触左肩，肘关节端平；左手手背贴后腰，颈部向左后方扭转。

⑥ 左手指尖触右肩，肘关节端平；右手手背贴后腰，颈部向右后方扭转。

三、肩部拉伸

主要锻炼部位：肩部

动作：双手手指在背后牵拉，肘关节垂直于地面。

四、臂部拉伸

主要锻炼部位：手臂

① 单臂伸直，掌心向外，指尖朝下，用另一只手抓其手指向内拉动。

② 单臂伸直，掌心向内，指尖朝下，用另一只手抓其手指向内拉动。

五、背部拉伸

主要锻炼部位：背部

动作：屈腿侧坐，一手抓外侧脚踝，另外一只手臂伸展，侧弯身体。

六、体前屈

主要锻炼部位：腿部

动作：直腿坐立，上体前屈。

基础伸柔

一、仰卧起身（6~8次）

主要锻炼部位：腹部

① 准备姿势：仰卧，弯曲双臂，手指轻触耳朵；双腿屈膝，脚踩地，大、小腿夹角小于45°。

② 吸气：保持准备姿势。

③ 呼气：肩部抬离地面，下颌内收，眼看肚脐。

④ 吸气：保持动作③的姿势。

⑤ 呼气：还原成准备姿势。

二、单腿抱膝（6~8次）

主要锻炼部位：腹部，腿部

① 准备姿势：仰卧，并拢双腿，手臂伸直，手背贴地面。

② 吸气：保持准备姿势。

③ 呼气：上体抬离地面约 30°，伸直左腿，屈右腿，双手抱右膝。

④ 吸气：换抱左膝，伸直右腿，两侧重复进行 6~8 次。

提 示
1. 左、右腿交替进行的时候，上体始终与地面保持约 30° 角。
2. 根据自身实际情况，亦可调整呼吸节奏，如每次换腿都为呼气。

三、举双腿（6~8 次）

主要锻炼部位：腹部，腿部

① 准备姿势：仰卧，双肘支撑上体，立脖颈；双腿并拢伸直。

② 吸气：保持准备姿势。

③ 呼气：抬起双腿，与地面约成 30° 角。

④ 吸气：保持动作③的姿势。

⑤ 呼气：还原成准备姿势。

提 示
1. 举双腿的时候，上体尽量保持稳定。
2. 根据自身情况，亦可调整动作节奏。

四、单腿画圈（左、右各6~8次）

主要锻炼部位：腿部，腹部

1. 准备姿势：仰卧。

2. 吸气：抬起一条腿，与地面约成45°角。

3. 呼气：大腿带动小腿向外画圈。

4. 重复6~8次后，还原成准备姿势。

提 示

1. 画圈时躯干尽量保持稳定。
2. 向外画圈6~8次后再向内画圈6~8次。
3. 根据自身情况，决定是否一条腿完整做完两个方向后再换另一条腿。

五、双腿空中开合（6~8次）

主要锻炼部位：腿部，腹部

1. 准备姿势：仰卧。

2. 吸气：双腿伸直抬起，垂直于地面。

③ 呼气：双腿左、右打开。

④ 吸气：双腿合拢。

⑤ 开合6~8次后，还原成准备姿势。

提 示
1. 双腿同时用力。
2. 合拢时体会大腿内侧肌肉的发力。

六、仰卧挺髋（6~8次）

主要锻炼部位：臀部，腿部，腹部

① 准备姿势：仰卧，双腿弯屈，脚踩地面，双脚自然分开。

② 吸气：保持准备姿势。

③ 呼气：髋部向上挺起，使肩部、髋部和双膝成一条直线。

④ 吸气：保持动作③的姿势。

⑤ 呼气：还原成准备姿势。

七、仰卧挺髋单抬腿（6~8次）

主要锻炼部位：臀部，髋部，腿部

① 准备姿势：仰卧，双腿弯屈，脚踩地面，双脚自然分开。

② 吸气：保持准备姿势。

③ 呼气：髋部向上挺起，使肩部、髋部和双膝成一条直线。

④ 吸气：右脚支撑，伸直左腿，使两腿的大腿面处于同一平面。

⑤ 呼气：还原成动作③的姿势。

⑥ 吸气：换左脚支撑，伸直右腿。

⑦ 呼气：还原成动作③的姿势。

⑧ 吸气：还原成准备姿势。

提 示
1. 控制好呼吸和动作节奏。
2. 单腿支撑时，保持身体稳定。
3. 挺髋向上时，收紧背、臀和腿，手臂略微放松，避免身体僵硬。

八、含胸抱膝（6~8次）

主要锻炼部位：脊椎，背部

① 准备姿势：双腿伸直坐立。

② 吸气：保持准备姿势。

③ 呼气：双腿屈膝收于胸前，双臂抱膝，弓背，额头触膝，脚尖点地。

提 示
后背呈D字状。

九、矩形转体（6~8次）

主要锻炼部位：背部，腿部，腹部

① 准备姿势：双腿伸直坐立。

② 吸气：双腿分开，双臂呈侧平举，手心向下，上体后仰。

③ 呼气：俯身向左扭转上体，右手背触左脚外侧，左臂向后上方伸展，双臂成一条直线。

④ 吸气：还原成动作②的姿势。

⑤ 呼气：俯身向右扭转上体，左手背触右脚外侧，右臂向后上方伸展，双臂成一条直线。

⑥ 重复6~8次后，还原成准备姿势。

十、坐姿转身（2~3次）

主要锻炼部位：脊椎

动作：伸直左腿，右腿屈膝跨过左腿，右脚踩地；左臂伸直，用肘部抵住右膝盖外侧，右臂伸直，右手于臀部后侧撑地，上体向右后方扭转，保持5~10秒。

提示
记得练习另一侧。

ⓐ

ⓑ

十一、侧卧单举腿（左、右各6~8次）

主要锻炼部位：腿部，臀部

① 准备姿势：侧卧，双腿并拢与上体形成大约120°角。左臂屈肘支撑头部，右臂屈肘，手轻按于胸前地面。

② 吸气：保持准备姿势。
③ 呼气：右腿伸直上举，绷脚背。

④ 重复动作②和③。

⑤ 重复6~8次后，还原成准备姿势。

提 示
记得练习另一侧。

十二、下腿靠拢上腿（左、右各6~8次）

主要锻炼部位：腿部，腹部

① 准备姿势：侧卧，双腿并拢，身体成一条直线。左臂屈肘支撑头部，右臂屈肘，手轻按于胸前地面。
② 吸气：右腿抬离地面大约30°。

③ 呼气：左腿向右腿靠拢。

④ 吸气：左腿落下，右腿保持不变。

⑤ 重复动作③和④。

> **提示**
> 1. 右腿抬起后始终保持高度不变，唯有左腿上下运动。
> 2. 记得练习另一侧。

⑥ 重复6~8次后，还原成准备姿势。

十三、蛙泳（6~8次）

主要锻炼部位：手臂，背部，腰部

① 准备姿势：俯卧，双臂前伸，额头点地。

② 吸气：双臂抬离地面。

③ 呼气：双臂向两侧滑动至侧平举。

④ 吸气：双臂继续向后滑动，手心相对，指尖指向后方。

⑤ 呼气：还原成动作③的姿势。

⑥ 吸气：还原成动作②的姿势。

⑦ 呼气：还原成准备姿势。

十四、侧卧挺髋（左、右各6~8次）

主要锻炼部位：手臂，胸部，臀部，腿部

❶ 准备姿势：侧卧，右臂屈肘支撑上体，左脚踩在右脚踝前面的地板上，左臂自然贴住身体。

❷ 吸气：保持准备姿势。

❸ 呼气：髋部向上挺起，使身体在空中成一条直线。

❹ 吸气：还原成准备姿势。

提示
记得练习另一侧。

十五、背起（6~8次）

主要锻炼部位：背部

❶ 准备姿势：俯卧，双臂前伸，额头点地。

❷ 吸气：保持准备姿势。

③ 呼气：四肢尽量向上抬起。

④ 吸气：还原成准备姿势。

提 示
根据自身情况，亦可选择在动作③上停留一个吸气，再呼气落下。

十六、肘膝支撑（6~8次）

主要锻炼部位：腹部，背部，手臂，腿部

① 准备姿势：俯卧，双肘支撑上体，腹部贴地面。

② 吸气：保持准备姿势。

③ 呼气：双肘和双膝支撑身体，腹背部收紧抬离地面，躯干与地面平行。

④ 吸气：保持动作③的姿势。

⑤ 呼气：还原成准备姿势。

提 示
避免塌腰或臀部太高，避免肩部过于紧张。

十七、单腿拉伸（6~8次）

主要锻炼部位：腹部，背部，手臂，腿部

① 准备姿势：俯卧，双肘支撑上体，腹部贴地面。

② 吸气：保持准备姿势。

③ 呼气：双肘和双膝支撑身体，腹背部收紧抬离地面，躯干与地面平行。

④ 吸气：勾脚尖，伸直右腿，重心后移。

⑤ 呼气：还原成动作③的姿势，保持勾脚尖。

⑥ 吸气：伸直左腿，重心后移。

⑦ 呼气：同动作⑤。

⑧ 交替进行6~8次后，还原成准备姿势。

放松整理

一、跪立后仰

主要锻炼部位：脊椎，胸部

动作：跪立，两手托腰，上体逐渐后仰，挤压脊椎，然后逐渐放松脊椎，还原成跪立姿势。

提 示
动作从腰部开始。

二、俯身前趴

主要锻炼部位：背部；臀部；手臂

动作：跪坐于脚跟上，俯身向前趴，双臂伸展，前额点地。

三、盘腿调息

动作：自然盘腿坐立，双手搭膝，立直腰背，深呼吸。

第二套　UIC 给力伸柔操

UIC Advanced Stretch and Flex Exercises

党东梅　创编

热 身

一、站立调息

动作：并拢双腿站立，足尖外展，收紧腹部，立直后背但不僵硬，深呼吸几次。

> **提 示**
> 1. 整套动作用鼻子吸气，嘴巴呼气。
> 2. 每个拉伸动作保持 10~15 秒，自然呼吸。

二、头颈部拉伸

动作：双脚自然开立，一手臂侧平举，另一只手抱头，侧拉颈部。

三、肩部拉伸

动作：双臂上举，屈肘，左手抓右肘向左拉右臂，之后右手抓左肘向右拉左臂。

四、肩部运动

① 双提肩：双肩用力向上提起，至最高后放松下落，重复几次。

② 肩绕环：双臂弯曲，手指尖触肩头，双臂以肩为轴向前绕环。

五、背部拉伸

1 体侧屈：双脚自然开立，手臂斜上举，重心右移，上体向左弯曲。

提示
记得练习另一侧。

2 弯腰转体：加宽两脚之间的距离，上体向一侧俯身向下，双手触脚背。

六、腰部绕环

动作：双手托腰，髋部顺时针和逆时针各旋转几圈。

给力伸柔

一、仰卧起身手触膝（6~8次）

主要锻炼部位：腹部

① 准备姿势：仰卧，双腿屈膝，脚踩地，大、小腿夹角成90°。

② 吸气：双臂举过头顶贴于地面，手心向上。

③ 呼气：靠腹部力量拉起上体，手指尖触膝。

④ 吸气：保持动作③的姿势。

⑤ 呼气：还原成准备姿势。

二、仰卧转体（6~8次）

主要锻炼部位：腹部

① 准备姿势：仰卧，弯曲双臂，手指轻触耳朵；双腿屈膝，脚踩地，大、小腿夹角小于45°。

② 吸气：双肩抬离地面。

③ 呼气：上体向右转动，右臂尽量贴地面。

④ 吸气：还原成动作②的姿势。

⑤ 呼气：向相反方向转体。

⑥ 吸气：还原成动作②的姿势。

⑦ 呼气：还原成准备姿势。

三、V字卷腹（6~8次）

主要锻炼部位：腹部，腿部，手臂

① 准备姿势：仰卧，并拢双腿，手臂伸直，手背贴地面。

② 吸气：双腿抬高，与地面约成45°角。

③ 呼气：上体抬起，与地面约成45°角，双臂与双腿平行。

④ 吸气：还原成动作②的姿势。
⑤ 重复进行 6~8 次后，还原成准备姿势。

提 示

双腿始终保持角度不变，唯有上体起落。

四、仰卧拧脊椎（2~4次）

主要锻炼部位：脊椎

① 准备姿势：仰卧，身体成直线。

② 吸气：双臂侧打开贴于地面，手心向下，左脚踩在右脚踝外侧的地面上。
③ 呼气：左膝倒向右侧的地面，同时头部左转，眼睛看左手。

提 示
记得练习另一侧。

④ 吸气：保持动作③的姿势。
⑤ 呼气：还原成准备姿势。

五、后翻（2~4次）

主要锻炼部位：手臂，腹部

① 准备姿势：仰卧，身体呈直线。

② 吸气：保持准备姿势。
③ 呼气：双腿并拢抬离地面，双臂下压，背和臀向上立起，双腿向头顶方向延伸，脚尖触地面。

提 示
还原成准备姿势时，臀部带动下肢缓慢落回地面。

④ 吸气：保持动作③的姿势。
⑤ 呼气：还原成准备姿势。

六、空中漫步

主要锻炼部位：腹部，腿部，手臂

① 准备姿势：仰卧，身体呈直线。

② 肩肘倒立，双手托腰。

③ 双腿交替屈伸，脚跟先发力，脚掌做蹬踏动作，重复多次练习。

④ 还原成准备姿势。

七、腿部拉伸（1~2次）

主要锻炼部位：腿部后侧

① 坐立，左膝弯曲，外展，贴地面，右腿伸直向前。

② 俯上身，右手抓右脚，保持5~10秒。

提 示

记得练习另一侧。

八、双臂后支撑（4~6次）

主要锻炼部位：腿部，腹部，背部，手臂

① 准备姿势：坐立，伸直双腿，绷脚尖，双臂伸直，双手放置于臀后，指尖朝前。

② 吸气：保持准备姿势。

③ 呼气：臀部抬离地面，使身体成一条直线。

④ 吸气：抬右腿。

⑤ 呼气：还原成动作③的姿势。

提示

单腿抬高时，臀部不要下坠。

⑥ 吸气：抬左腿。
⑦ 呼气：同动作⑤。
⑧ 吸气：保持动作③的姿势。

⑨ 呼气：还原成准备姿势。

九、前踢后摆（左、右各6~8次）

主要锻炼部位：腿部，髋部，臀部

1 准备姿势：侧卧，单臂屈肘支撑上体，另一只手置放于腹前地面。

2 吸气：抬高上方腿，与地面夹角约30°。

3 呼气：上方腿伸直，向前踢。

4 吸气：上方腿还原成动作 **2** 的姿势。

5 呼气：上方腿向后摆动。

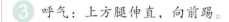

提 示

记得练习另一侧。

6 吸气：上方腿还原成动作 **2** 的姿势。

7 重复6~8次后，上方腿缓慢回落，还原成准备姿势。

十、内收抬腿（左、右各 8~10 次）

主要锻炼部位：腿部，腹部

① 准备姿势：侧卧，单臂屈肘支撑上体，上方腿屈膝，脚踩于下方大腿前侧。

② 吸气：保持准备姿势。

③ 呼气：下方腿用力向上抬高。

④ 吸气：保持动作❸的姿势。

⑤ 呼气：还原成准备姿势。

十一、单臂侧支撑（左、右各 4~6 次）

主要锻炼部位：手臂，背部，腿部，髋部，腹部

① 准备姿势：侧坐，左臂伸直，手撑地面。

② 吸气：髋部抬离地面，右手臂上举，与左臂成一条直线。

③ 呼气：上体向左转动，右手臂向头顶方向延伸。

④ 吸气：还原成动作②的姿势。

提 示
记得练习另一侧。

⑤ 呼气：还原成准备姿势。

十二、天鹅抬头（6~8次）

主要锻炼部位：手臂，颈部，背部，臀部

① 准备姿势：俯卧，双手置于双肩下方，双腿并拢。

② 吸气：保持准备姿势。

③ 呼气：靠手臂力量将上体推离地面，头部自然后仰，手臂伸直。

④ 吸气：保持动作③的姿势。

⑤ 呼气：还原成准备姿势。

十三、俯卧支撑（6~8次）

主要锻炼部位：手臂，胸部，腹部，背部，臀部，腿部

① 准备姿势：俯卧，双臂弯曲支撑上体，双臂的距离与肩同宽，双手握拳，拳眼向上。

② 吸气：保持准备姿势。
③ 呼气：勾脚尖，身体抬离地面，使躯干与地面平行。

④ 吸气：保持动作③的姿势。
⑤ 呼气：还原成准备姿势。

十四、跪撑平衡（6~8次）

主要锻炼部位：手臂，腹部，臀部，腿部

① 准备姿势：跪撑，手指向前，双臂垂直于地面。

② 吸气：同时抬起左臂和右腿，大约与地面平行。

③ 呼气：还原成准备姿势。

④ 吸气：同时抬起右臂和左腿，大约与地面平行。

⑤ 呼气：还原成准备姿势。

放松整理

一、跪坐

动作：臀部坐在脚跟部，双手放于大腿上，手臂和背部放松。

二、站立后屈腿（保持10~15秒）

动作：屈右腿，双手抓右脚，将右脚跟贴紧右臀，使双腿的大腿面处于一个平面。

提示
记得练习另一侧。

三、燕式平衡（保持10~15秒）

动作：左腿支撑，右腿弯曲向后，右手抓右脚踝，左臂伸直向前，重心前移，眼睛看手指方向。

提示
记得练习另一侧。

ⓐ　　　　　　　　ⓑ

四、调息

动作：并拢双腿站立，足尖外展，收紧腹部，立直后背但不僵硬，深呼吸。

第三套　UIC 健身球操
UIC Health Ball Exercises

刘　静　创编

调整呼吸

动作：跪坐于地上，小臂交叠伏于球上，额头轻触小臂，调整呼吸。

一、滚球伸展

主要锻炼部位：肩部

① 跪坐于地上，腰背立直，双手扶球后方。

② 双手推动球向前滚动，臀部抬起，身体跟随球向前移动，保持上半身与地面平行，头部埋于双臂之间。

站　姿

二、举球转体

主要锻炼部位：双臂，肩部，腰部

① 双脚开立，双手持球直臂高举于头部上方。

② 双脚不动，上半身向左后方转动。

③ 双手持球，以肩关节为轴直臂由头顶向下移动，然后返回头顶。

④ 身体转回正中，换另一侧重复同样动作。

三、持球侧点地

主要锻炼部位：侧腰部

① 双手举球带动身体向左侧弯曲，保持双腿立直。

② 身体继续向左侧弯曲至球触碰左脚外侧地面。

③ 还原身体直立，换另一侧重复同样动作。

四、四方移动

主要锻炼部位：肩部，背部，颈部

① 双手持球带动头部，上半身向后弯曲。

② 以髋部为轴，上半身平直向前，保持球和头部、上半身尽量处于同一平面。

③ 双脚不动，双手持球带动上半身向左侧转动 90°后，还原成动作②。

④ 双手持球向右侧转动 90°后，还原成动作②。

五、站立滚球

主要锻炼部位：腿部，肩部

① 将球放于双脚之间，双手放于球上。

② 双手依次交替向前滚动球，上半身顺势向前向下，然后将球滚回。

③ 左脚向左转动，右脚内收，双手推动球向左侧滚动。

④ 右脚向右转动，左脚内收，双手推动球向右侧滚动。

六、举球画圆

主要锻炼部位：背部，肩部，腰部

① 右脚在前，左脚在后，开立。双手持球，直臂高举于头部上方。

② 双手持球带动头部和身体向后弯曲，重心在右脚。

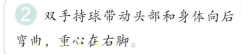

③ 以髋部为轴，上半身平直向下，至上半身与地面平行，头部埋于双臂之间。

第三套 UIC 健身球操
UIC Health Ball Exercises

④ 直臂将球落下，持球从右向左移动，上半身跟随球移动，并始终保持与地面平行。

⑤ 持球移动至左侧后起身，上半身转向左侧，双臂与地面平行，目视球的方向。

⑥ 双臂持球从左向下、向右、向上，按原轨迹和动作移动，还原成动作①。

七、弓步下蹲

主要锻炼部位：腿部

① 双脚前后开立，双手持球直臂高举于头部上方。

② 弓步屈膝下蹲，双臂持球由上举至前平举。

③ 起身还原，换另一侧动作。

八、滑步劈球 •••

主要锻炼部位：腿部，手臂

① 双脚开立，双手持球直臂高举于头部上方。

② 右脚向左后方踩地，屈膝下蹲，直臂持球由头顶劈向左下方。
③ 起身还原，换另一侧动作。

九、抱球蹲起 •••

主要锻炼部位：腿部，臀部

① 双脚开立，双手持球直臂高举于头部上方。

② 屈双膝下蹲，膝盖与脚尖方向一致，并且不要超过脚尖，双臂持球由上举至前平举。

坐　球

十、髋部扭动

主要锻炼部位：髋部

① 坐于球上，腰背立直，双手叉腰，双脚分开。

② 髋部向右扭动。

③ 髋部向左扭动。

④ 髋部向前，同时含胸。

⑤ 髋部向后，挺胸，双肩向后展开。
⑥ 球上髋部画圈转动。

十一、坐球转体

主要锻炼部位：腰部，肩部，颈部

① 坐于球上，腰背立直，双臂侧平举，双脚分开，与肩同宽。

② 身体向右侧转动，目视右手指尖方向。

③ 身体前倾至左手放于右脚外侧地面，右手向上伸直，目视右手指尖方向。
④ 起身转回正中，换另一侧动作，方向相反。

十二、坐球举腿

主要锻炼部位：腹部，腿部

① 坐于球上，双腿微分，双脚绷脚尖向前伸直，双手在身后撑于球上。

② 腰背立直，缓慢有控制地向上抬起左腿。
③ 放下左腿后，向上抬起右腿。

十三、坐球划臂

主要锻炼部位：腿部

① 双腿伸直坐于球上，双臂向后展开，挺胸收腹。

② 上半身平直向前，双臂由两侧向前划动去触碰脚尖，低头。

③ 抬头，双臂由体前向两侧及后方划动，同时身体平直向上向后移动至动作①。

躺 球

十四、扩胸运动

主要锻炼部位：腹部，背部，胸部

① 坐于球上，双手扶球，双脚依次向前移动，上半身向后躺于球上。

② 双脚继续向前移动，至上背部、肩部、头部接触球，收紧腰腹和臀部，使身体与地面平行，双手胸前平举合十。

③ 双手握拳，拳心朝外，屈肘向下拉，同时挺胸，双肩向脊柱方向靠拢。

④ 保持双手握拳并向上移动，还原成动作②。

⑤ 双手握拳，拳心相对，双臂微屈，以肩关节为轴向两侧打开，挺胸，双肩向脊柱方向靠拢。

十五、球上翻身

主要锻炼部位：髋部，腹部

① 上半身躺在球上，上背部、肩部、头部接触球，收紧腰腹和臀部，双手胸前平举合十。

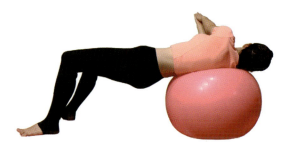

② 双臂带动身体向右侧转动，双脚不动，收紧腹部、臀部。

③ 双臂带动身体向左侧转动，双脚不动，收紧腹部、臀部。

十六、美人鱼

主要锻炼部位：肩颈部，背部

① 坐于地面，背靠球，双手放于臀部两侧。

② 双脚蹬地，用背部推动球向后滚动，双臂由两侧向后方划动。

③ 继续向后滚动至双腿伸直，整个腰背部压于球上，双臂头顶合十。

④ 身体向前滚动，臀部落于地面，双手从头顶两侧划动到臀部两侧，还原成动作①。

十七、球上卷腹

主要锻炼部位：腹部

① 屈膝约90°，背部压于球上，收紧腹部、臀部和颈部，双臂头顶伸直。

② 上半身从左侧起身，并用双手触碰左腿外侧。

③ 上半身从右侧起身，并用双手触碰右腿外侧。

④ 双臂胸前交叉，双手触碰双肩，正面起身。

跪 姿

十八、侧滚球

主要锻炼部位：肩部，腰部

① 左腿跪立于地面，右腿向右侧伸直，左手扶球于左腿外侧。

② 左臂向左侧将球滚出，身体顺势向左侧倾斜。
③ 起身还原成动作①。

十九、侧压球

主要锻炼部位：侧腹

① 左腿屈腿跪地，右腿向右侧伸直。右手于腹前扶球，左手撑于球外侧地上。身体侧压于球上。

② 左手触碰左侧耳朵，身体侧压于球上。

③ 上半身向右侧起身，保持上半身、髋部和双腿在同一平面。

二十、侧控腿

主要锻炼部位：腿部，臀部

① 左腿屈膝跪地，右腿向右侧伸直。右手于腹前扶球，左手撑于球外侧地上。身体侧压于球上。

② 右腿有控制地向侧上方抬腿。

③ 控制腿向后移动，并始终保持腿与地面平行。

④ 控制腿自后向前移动到正前方。

二十一、侧举手

主要锻炼部位：肩部，颈部

① 左腿在下，右腿在上，双腿交叉向右侧伸直，上半身侧压于球上，左手撑地微屈肘，右手向上伸直，目视右手指尖。

② 右手带动身体向前转动至右手触碰地面，目视右手指尖。

③ 右手带动身体向后转动，目视右手指尖。

二十二、侧人鱼

主要锻炼部位：侧腰部，肩部

① 左腿在下，右腿在上，双腿交叉向右侧伸直，上半身侧压于球上，左手撑地微屈肘，右手向头顶方向伸直。

② 松开左手去找右手，双手头顶合十。

提示

重复"十八、侧滚球"至"二十二、侧人鱼"，方向相反。

二十三、天鹅抬头

主要锻炼部位：颈部，背部

① 右腿跪地，左腿屈膝，球放于右腿前侧，右手扶球。

第三套　UIC 健身球操
UIC Health Ball Exercises

❷ 用右手将球向前滚出，身体顺势前倾，左手向后伸直。

❸ 右手将球滚回右腿前侧，同时身体、头部后仰，左手向上、向后伸直。

❹ 换另一侧动作。

二十四、跪姿游泳

主要锻炼部位：肩背部

❶ 跪立，球放于身体的正前方，双手扶球。

❷ 身体前倾，将重心压在球上，双手举过头顶，腰背平直，低头。

③ 双手握拳，拳心朝外，双臂屈肘向后、向下拉动，肩胛骨向脊柱方向收紧，挺胸抬头。

二十五、球上飞翔

主要锻炼部位：上臂

① 双膝跪地，身体压于球上。双手握拳，拳心相对，双臂屈肘于肩部两侧。

② 大臂不动，以肘关节为轴小臂自前向后伸直，呈飞翔状，重复6~8次。

二十六、后抬腿

主要锻炼部位：臀部，腿部

① 双腿跪地，将球放于双腿正前方，上半身压于球上，双手于球前方撑地，保持背部平直。

② 左腿向后、向上抬腿。
③ 右腿向后、向上抬腿。

二十七、跪撑平衡

主要锻炼部位：腰背部

① 双腿跪地，上半身压于球上，双手于球前方撑地，保持背部平直。

② 左腿向后伸直，右臂向前伸直。
③ 右腿向后伸直，左臂向前伸直。

二十八、球上俯卧撑

主要锻炼部位：胸部，手臂

① 腹部压于球上，双腿于球后伸直，双手撑于球前并向前爬行，身体顺势向前移动。

② 双脚离开地面，将球滚动至大腿下方，双腿、双臂伸直，收紧腰腹，身体与地面平行。

③ 屈双肘，上半身顺势向下，保持与地面的距离，双腿绷直向上。

二十九、卷球

主要锻炼部位：腹部

① 双臂支撑上半身，身体压于球上，双手向前爬行，将球滚动至小腿前侧偏上的位置。

② 收紧腹肌，用双腿带动球向双臂方向滚动，同时臀部向上、向后移动。

③ 让球继续向前滚动，臀部向后向下移动落于脚后跟上方，身体与大小腿折叠在一起，腹胸部贴近大腿，双臂支撑地面。

④ 双腿向后伸直，带动球向后滚动，伸展身体，还原成动作 ①。

俯　卧

三十、小燕飞

主要锻炼部位：腰背部

① 俯卧于地上，直臂持球放于头部正前方。

② 双臂和双腿同时向上抬起。

仰 卧

三十一、仰卧起身

主要锻炼部位：腹部

① 仰卧屈膝，双脚踩在地上，双手直臂头顶持球。

② 双手持球从头顶上方向左膝外侧移动，同时上半身从左侧起身坐于地上，将球放在左脚外侧。

③ 双手推动球从左脚外侧滚动至右脚外侧。

④ 双臂持球从右膝外侧向头顶上方移动，同时上半身躺平。
⑤ 反方向重复。

三十二、蹬自行车

主要锻炼部位：腹部

① 双腿伸直，仰卧于垫上，双手直臂持球于头顶上方。

② 上半身和双腿向上抬起30°~45°，同时左腿屈膝向上半身靠近，右腿伸直，直臂持球于腹部上方。

③ 伸直左腿，右腿屈膝向上半身靠近，双手持球保持。

④ 双腿交替6~8次。

三十三、双脚接球

主要锻炼部位：腹部

① 仰卧于地上，双手向上举球，双腿向上举腿。

② 上半身抬起，将球递给双脚夹住。

③ 上半身落回地面，双臂自然放于体侧，双脚夹球落回地面。

三十四、单脚滚球

主要锻炼部位：腿部

① 双腿并拢放于球上，上半身平躺于地面。

② 右腿上举与上半身夹角约 90°，左腿屈膝向腹胸部靠近，并带动球向臀部滚动。

③ 右腿屈膝向腹胸部靠近，左腿向前伸直带动球向前滚动。

④ 换另一侧动作。

三十五、仰卧顶髋

主要锻炼部位：臀部

① 双腿并拢放于球上，双手自然放于体侧，掌心向下。

② 收紧臀部、腹部，向上顶髋，保持髋与腹在同一个平面。

③ 臀部落回，与地面保持一定空隙，重复向上顶髋 6~8 次。

三十六、夹球翻滚

主要锻炼部位：背部

① 双脚夹球抬起，双腿与地面夹角约90°，双臂自然放于体侧。

② 双脚夹球继续向头顶方向移动，双手扶髋并轻轻推动髋部。

③ 继续翻滚，至球触碰头顶上方的地面。

④ 松开双手，向前平放于地面。
⑤ 双手扶髋，辅助背部和臀部落回地面。

三十七、左右摇摆

主要锻炼部位：腹部

① 双脚夹球抬起，双腿与地面夹角约90°，双臂侧平举放于地面，掌心向下。

② 双脚夹球，在空中向右侧移动。

③ 双脚夹球，在空中向左侧移动。

三十八、婴儿摇摆

主要锻炼部位：放松腰背

① 双腿屈膝，小腿放于球上，双臂侧平举放于地面，掌心朝下。

② 上半身不动，双腿带动球向右侧滚动。

③ 上半身不动，双腿带动球向左侧滚动。

调整呼吸 ●●●

动作：起身跪坐于地面，调整呼吸。

第四套　UIC 哑铃操
UIC Dumbbell Exercises

刘　静　创编

二、前臂绕环

主要锻炼部位：双臂

① 双脚开立，双臂于两侧向上屈肘 90°。

② 以肘关节为轴，小臂向两侧打开，向外画圈。

③ 尽量保持大臂不动，小臂以肘关节为圆心由外向内由下向上画圈，回到起始位置。

二、蹲起

主要锻炼部位：腿部，臀部，脚踝

① 双脚开立，双手持哑铃于胸前，屈肘。

② 双腿屈膝下蹲，双手持哑铃于体前向下伸直，保持腰背部立直，膝盖不要超过脚尖。
③ 起身，还原成动作 ①。

④ 双手握哑铃向上举至最高点，双腿伸直，踮起脚尖。

三、哑铃前平举

主要锻炼部位：双臂，肩部

① 双脚前后开立，双臂体前平举。

② 左臂直臂向上，右臂直臂向下，双臂夹角约 90°。

③ 右臂直臂向上，左臂直臂向下，双臂夹角约 90°。

四、弓步下蹲

主要锻炼部位：腿部，双臂

① 手持哑铃站立，右脚向前方迈出一步，双手将哑铃向上高举。

② 屈双膝下蹲，双臂向两侧打开。

③ 双腿继续下蹲至大小腿夹角约90°，右膝不要超过脚尖，左膝不要触碰地面，双臂自然落回体侧，腰背立直。

④ 换另一侧腿动作。

五、上提哑铃

主要锻炼部位：脚踝，肩部

1. 双脚开立，双手持哑铃于大腿前方。

2. 双臂屈肘向上，将哑铃上提至胸部前方。

3. 以肩关节为轴，大臂和肘关节继续上提，同时双脚踮起脚尖。

六、侧踢腿

主要锻炼部位：腿部，肩部

1. 双脚开立，左臂胸前屈肘，右手持哑铃于体侧。

2. 右腿向右侧抬腿，左臂向上方举起哑铃，右臂垂直。

3. 换另一侧腿动作。

七、上提腿

主要锻炼部位：腿部

1. 双脚前后开立，左脚在前，右脚在后，重心在左脚，双手向上高举哑铃。

2. 右腿向前上方屈膝，提腿至大腿与地面平行，双臂屈肘下落至胸前。

3. 换另一侧动作。

八、上举哑铃

主要锻炼部位：肩部

1. 双脚打开与肩同宽，双臂屈肘，双手举哑铃于头部两侧。

2. 双臂向上举起哑铃，大臂于头部两侧。

九、哑铃画圈

主要锻炼部位：双臂

① 双脚开立，俯身，腰背保持平直，双臂体前交叉。

② 身体慢慢立直转向右侧，同时双臂由下向两侧慢慢打开，画半圆至双臂侧平举。

③ 大臂保持不动，以肘关节为轴，小臂向上移动至双手持哑铃于头部两侧。

④ 双臂由体侧落回体前交叉，还原成动作①，换另一侧动作。

十、弓步提哑铃

主要锻炼部位：腿部，腰部

① 双脚并拢站立，双臂自然垂放于体侧。

② 左脚向前迈出一大步，左腿屈膝，右腿向后伸直，双手持哑铃放于左脚两侧。

③ 上半身起身向左侧转动，双手提起哑铃随上半身转向左侧，腰背挺直。
④ 起身还原成动作①，换另一侧动作。

十一、下蹲平举

主要锻炼部位：腿部，臀部，肩部

① 双脚开立，双手持哑铃。

② 双腿屈膝下蹲，左手持哑铃于体前，右手放于背后。保持腰背部立直，膝盖不要超过脚尖。

第四套 UIC 哑铃操
UIC Dumbbell Exercises 075

③ 起身站立,左手持哑铃前平举。

④ 还原成动作①,换另一侧动作。

十二、屈臂平举

主要锻炼部位:肩部

① 双脚开立,双臂屈肘,双手持哑铃于腰部两侧。

② 以肩关节为轴,保持双臂微屈,向上抬起至肩、肘、哑铃在同一个平面。

十三、弓步展肩

主要锻炼部位：腿部，肩部

① 双脚并拢站立，双臂体前屈肘。

② 右脚向前迈出一大步，左腿在后。

③ 双腿屈膝下蹲，双肘向两侧打开，挺胸抬头，腰背立直。
④ 还原成动作①，换另一侧腿动作。

十四、俯身触地

主要锻炼部位：腿部，腰部

① 双脚开立，双手持哑铃放于腰间。

② 腰背平直，俯身向左下方，右臂向左脚前方伸直。然后起身，还原成动作①。

③ 腰背平直,俯身向右下方,左臂向右脚前方伸直。然后起身,还原成动作①。

十五、侧弓步

主要锻炼部位:腿部

① 双脚分开,双臂屈肘,持哑铃于胸前。

② 身体重心向右侧移动,右腿屈膝下蹲,左腿伸直,双臂于体前向下伸直。

③ 立直双腿,还原成动作①。

④ 身体重心向左侧移动,左腿屈膝下蹲,右腿伸直,双臂于体前屈肘。

十六、提腿侧劈

主要锻炼部位：腿部，双臂

① 双腿开立，双臂向上举起哑铃。

② 双臂直臂从上方向右下方劈下，同时上提右膝至大腿与地面平行。

③ 还原成动作①。

④ 双臂从上方向左下方劈下，同时上提左膝至大腿与地面平行。

十七、哑铃转体

主要锻炼部位：腰部，双臂

① 右腿在前，屈膝成弓步，左腿在后，屈膝触地，双臂前平举。

② 双腿不动，双臂带动身体缓慢转向左侧。

③ 双腿不动，双臂带动身体缓慢转向右侧。

十八、提拉伸展

主要锻炼部位：背部，上臂

① 膝盖、小腿着地，左手撑地，右手持哑铃。保持腰背平直。

② 以肩关节为轴，保持屈肘向上向后提起右臂，重复3次。

③ 提起右臂后，大臂不动，以肘关节为轴，小臂向后伸直，重复3次。
④ 换另一侧动作。

十九、跪撑平举

主要锻炼部位：腰，背部

① 膝盖、小腿着地，左手撑地，右手持哑铃。保持腰背平直。

② 右臂向前平举伸直，左腿向后伸直，保持身体稳定。
③ 换另一侧动作。

二十、侧伸展

主要锻炼部位：腰腹，颈部

① 左腿跪立在地上，右腿向右侧伸直，左臂在左侧地面支撑身体，右手持哑铃于腹前。

② 右手持哑铃向左侧腰部后方伸出，身体微向左侧转动，头部转向左侧。

③ 右手从左侧腰部收回，向右侧上方伸直，头部转向右侧。重复2次。

④ 右臂落回身体右侧，同时髋部向左侧落下，目视前方。

❺ 髋部向右侧上方顶起，同时右臂向右侧伸直，头部转向右侧。

二十一、侧卧抬腿

主要锻炼部位：侧腹部

❶ 身体侧卧，左手肘支撑身体，右手撑于腹前，双腿伸直双脚夹住哑铃。

❷ 双脚夹住哑铃，直腿向上抬腿。

提示
重复 8~10 次后换另一侧动作，方向相反。

二十二、俯卧后屈腿

主要锻炼部位：腿部

❶ 俯卧，双臂交叠上撑头部，双脚夹哑铃。

❷ 以膝关节为轴，小腿向后屈腿。

二十三、俯卧起身

主要锻炼部位：肩背部

① 俯卧于垫上，双手持哑铃，双臂向前伸直。

② 双臂屈肘向后、向下拉动，肩部向上抬离地面，肩胛骨向脊柱方向靠拢。

二十四、仰卧推举

主要锻炼部位：胸部

① 仰卧屈膝，双脚踩于地面，双臂于肩部两侧屈肘90°。

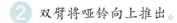
② 双臂将哑铃向上推出。

③ 双臂微屈向两侧打开，双肘轻触地面。

④ 保持双臂微屈，慢慢向胸前靠拢。

二十五、仰卧伸臂

主要锻炼部位：双臂，腹部

① 仰卧屈膝，头部、肩部向上稍抬起，双臂向后屈肘放于头部两侧，双手握哑铃放于头部后方。

② 以肘关节为轴，保持大臂不动，小臂向上伸直。

二十六、仰卧起身

主要锻炼部位：腹部

① 仰卧屈膝，双脚踩于地面，双手握哑铃向上伸直。

② 保持双臂的位置不动，上半身抬起，与地面成30°~45°夹角。

③ 仰卧屈膝，左腿屈膝90°平放于地面，双手持哑铃向上伸直。

④ 保持双臂位置不动，上半身朝向右腿方向起身，身体与地面成 30°~45° 夹角。
⑤ 换另一侧动作。

二十七、放哑铃

主要锻炼部位：腹部

① 双腿屈膝，双脚抬起离地，上半身起身与地面成 30°~45° 夹角，双臂屈肘于胸前持哑铃。

② 双腿保持不动，上半身转向左侧，双手将哑铃放向左侧地面方向。

③ 双臂收回，上半身还原。

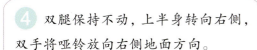

④ 双腿保持不动，上半身转向右侧，双手将哑铃放向右侧地面方向。

二十八、双脚夹哑铃

主要锻炼部位：腹部

① 双腿伸直，双脚夹住哑铃，双臂屈肘撑于臀部后方。

② 双腿屈膝，并向腹胸部靠拢，身体向大腿靠拢。

③ 伸直腿还原成动作①后，双腿屈膝向左侧腰部靠拢。

④ 伸直腿还原成动作①后，双腿屈膝向右侧腰部靠拢。

⑤ 双腿伸直，还原成动作①。

第五套　UIC 弹力带操
UIC Stretch Band Exercises

于　涛　创编

一、胸部练习

1 双手抓住弹力带于身体正前方,两侧平举于胸前呈一字,(右手上、左手下或左手上、右手下)旋转于胸前呈1字。双手同时用力上下拉伸。

a

b

c

d

❷ 双手抓住弹力带于身体正前方，两侧平举于胸前呈一字，(右手斜上 45°、左手斜下 45°或左手斜上 45°、右手斜下 45°) 双手呈斜一字，同时用力拉伸。

❸ 双手抓住弹力带于身体正前方，两侧平举于胸前呈一字，向左、右拉伸至身体两侧。

④ 双手抓住弹力带于身体正前方上举，向两侧下拉至胸前水平位置。

 a

 b

⑤ 双手抓住弹力带于身体正前方，自然下垂与地面平行，向侧上拉至胸前水平位置。

 a

 b

❻ 双手抓住弹力带上举于头顶后方，向下拉至肩后水平位置。

❼ 双手抓住弹力带于身体正后方自然下垂与地面平行，向上拉至肩后水平位置。

二、肩部练习

① 双手抓住弹力带于身体正后方与肩平行,同时直臂左手向上、右手向下,或右手向上、左手向下。交替上下转动。

② 双手抓住弹力带,左臂平行于地面,右臂上举、垂直于地面。右臂做前后绕环。双手交换位置,换另一侧练习。

第五套　UIC 弹力带操
UIC Stretch Band Exercises

093

③ 双手抓住弹力带，一手平行于地面，一手抓住弹力带上举垂直于地面。以身体为轴心双臂绕环。

④ 双手抓住弹力带上举于头顶上方，以身体为轴心向左侧倾斜，右手上、左手下，身体呈弓形，右手上举不动、左手拉伸弹力带。

⑤ 在上一个动作基础上，以身体为轴心向右侧倾斜，左手上右手下，身体呈弓形，左手上举不动，右手拉伸弹力带。

三、腰背练习

① 双脚分开站立，与肩同宽或比肩稍宽。双脚向前，双腿微屈。上身前倾于地面呈下蹲姿势。双手抓住弹力带向前平行于地面，以肩为轴心、双手同时前后转动。

② 双脚分开直立，与肩同宽或比肩稍宽，双脚向前。双手抓住弹力带上举于头顶上方。下蹲至大腿与地面平行位置，同时双手下拉于头后，大小臂夹角成90°，弹力带与地面平行。

③ 双脚分开站立，与肩同宽或比肩稍宽，双脚向前。双手抓住弹力带于肩后方，下蹲，大腿与地面平行，同时双手向前做夹胸动作。站立同时双手向两侧拉伸，与地面平行。

a

b

c

d

④ 双脚分开站立，与肩同宽或比肩稍宽，双脚向前。双手抓住弹力带于肩后方，下蹲，大腿与地面平行，同时双手向前做夹胸动作。左、右手依次向两侧做拉伸，站立同时双手向两侧拉伸，与地面平行。

四、腰腹练习

① 平坐于地上，上身与腿夹角为 90°，弹力带交叉于双脚，双手抓弹力带于身体两侧。右侧手臂平举，同时头向右侧转动。左侧手臂侧平举，同时向左侧转动。

② 坐姿同①，手臂恢复到身体两侧，双臂同时向两侧侧平举，与地面平行。

第五套 UIC 弹力带操
UIC Stretch Band Exercises

❸ 坐姿同❶，手臂恢复到身体两侧，双臂同时向正前方上举过头顶。

❹ 坐姿同❶，手臂恢复到身体两侧，双臂同时向正后方拉伸。

⑤ 平坐于地上，上身与腿的夹角成 45°，弹力带交叉于双脚，双手抓弹力带于身体两侧。右手臂平举向右后方拉伸，同时吸右腿。

⑥ 平坐于地上，上身与腿的夹角成 45°，弹力带交叉于双脚，双手抓弹力带于身体两侧。左手臂平举向左后方拉伸，同时吸左腿。

⑦ 平躺于地上，弹力带交叉于双脚，双手抓弹力带于身体两侧。右手臂向右侧拉伸至肩位置，同时头转向右侧。

第五套 UIC 弹力带操
UIC Stretch Band Exercises

❽ 平躺于地上,弹力带交叉于双脚,双手抓弹力带于身体两侧。左手臂向左侧拉伸至肩位置,同时头转向左侧。

❾ 平躺于地上,弹力带交叉于双脚,双手抓弹力带于身体两侧。蜷腿,大、小腿间夹角成 90°。右手臂去触摸右脚脚踝,同时左手臂向左侧上方拉伸。左手臂去触摸左脚脚踝,同时右手臂向右侧上方拉伸。

五、下肢练习

① 平躺于地上,弹力带交叉于双脚,双手抓弹力带于身体两侧。双腿抬高,与地面夹角成45°,小腿做屈伸动作。

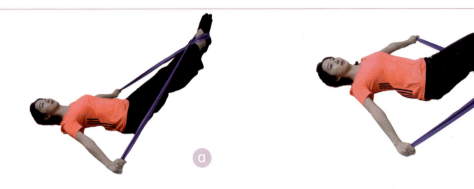

② 平躺于地上,弹力带交叉于双脚,双手抓弹力带于身体两侧。大腿抬起与地面垂直,小腿与地面平行。上身不动,下半身向身体两侧转动。

③ 平躺于地上,弹力带交叉于双脚,双手抓弹力带于身体两侧。双腿同时做上下摆动。

④ 平躺于地上，弹力带交叉于双脚，双手抓弹力带于身体两侧。双腿抬起与地面垂直，上身不动，下半身向身体两侧转动。

⑤ 平躺于地上，弹力带交叉于双脚，双手抓弹力带于身体两侧。双腿抬起与地面垂直，上身不动，以身体为轴心画圆。

❻ 跪姿，将弹力带挂在右脚后，双手抓住弹力带，撑在地板上。伸右腿，上抬至水平位置，再向后上方踢起。左、右腿依次进行。

第六套　UIC 弹力绳操
UIC Stretch String Exercises

于　涛　创编

一、肱二头肌练习

1. 双脚与肩同宽,将弹力绳踩在脚下。两手抓住弹力绳,两臂紧贴身体。
2. 左右手屈臂上下交替提拉,加双手同时向上提拉。

二、三角肌及胸肌练习

1. 双脚与肩同宽,将弹力绳踩在脚下。两手抓住弹力绳,两臂紧贴身体。
2. 左右手直臂上下交替提拉,加双手同时向上提拉。

三、三角肌练习

① 双脚与肩同宽,将弹力绳踩在脚下。两手抓住弹力绳,两臂紧贴身体。
② 左右手交替侧平举,加双手向两侧侧平举。

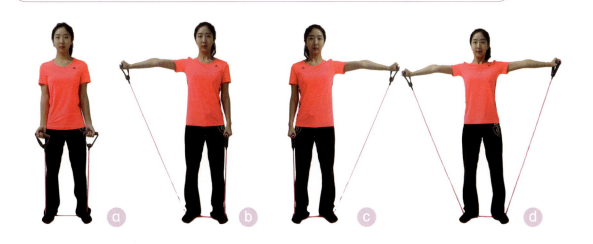

四、肱二头肌及胸肌练习

① 双脚与肩同宽,将弹力绳踩在脚下,双手抓弹力绳侧平举。
② 小臂垂直于地面,左右手交替拉伸弹力绳。

③ 两臂的大臂平行于地面,小臂垂直于地面,同时做夹胸动作。

五、斜方肌及三角肌练习

① 双脚与肩同宽,将弹力绳踩在脚下,双手将弹力绳拉至肩后方。
② 左右手向上交替推举,之后双手同时向上推举。

六、背肌及腹外斜肌练习

① 双脚与肩同宽,身体微屈下蹲,大臂与地面平行,小臂微屈。双手拉弹力绳与胸前交叉。
② 以身体为轴心向身体左(或右)后方45°方向拉动弹力绳。

① 双脚与肩同宽,身体微屈下蹲,大臂与地面平行,小臂微屈。双手拉弹力绳于胸前交叉。
② 左右手交替向身体两侧侧平举。

七、竖脊肌练习

① 双脚与肩同宽,将弹力绳踩在脚下。双腿微屈,上身前倾。将弹力绳抓于身体两侧,大臂紧贴身体。
② 双臂同时向身体后方拉伸出去。

八、背阔肌及三角肌练习

1. 双脚与肩同宽，将弹力绳踩在脚下。双腿微屈，上身前倾。
2. 手臂紧贴身体，屈臂向上拉绳至手臂平行于地面，大小臂夹角成90°。左右交替进行后，双手同时向上拉伸。

1. 双脚与肩同宽，将弹力绳踩在脚下。双腿微屈，上身前倾。
2. 左右手臂交替侧平举后，双臂同时向两侧侧平举拉伸出去。

九、背肌练习

1. 双脚前后（左脚右脚交换）站立呈弓步，将弹力绳踩在脚下，交叉拉于身体两侧。
2. 左右手交替提拉至水平位置。

③ 双手同时提拉至水平位置，双手水平推送至水平位置。

十、股直肌练习

① 右手叉腰，左手拉弹力绳，左脚踩弹力绳于脚下，缠绕于右脚脚踝处，右腿向右侧踢出去，同时左手向侧上方拉弹力绳。
② 换另一侧进行练习。

① 左脚踩弹力绳于脚下，右脚缠绕于弹力绳，右腿向前踢出，左侧手臂向侧平举于身体一侧。
② 换另一侧进行练习。

十一、背阔肌及臀肌练习

> ① 一脚站立，另一脚缠绕弹力绳于脚踝处，双手拉弹力绳于肩后，双臂弯曲呈水平状。

> ② 双手向上推举弹力绳，缠绕于弹力绳的脚向后踢出去。

十二、髋部练习

> ① 左脚踩弹力绳于脚下，右脚缠绕于弹力绳，同时提膝至水平位置。左侧手臂侧平举于身体一侧。
> ② 换另一侧进行练习。

第七套　UIC 基础气功动柔操
UIC Basic Qigong Movement Exercises

方文泽　创编

基本要领

一、由浅至深、力度适中

气功动柔操，要求活动深入到身体各相关关节，伸展相关肌肉、韧带，使心肺工作水平上升，但因为初学者没有基础，心肺惰性较高。在编排练习时，我们考虑伸展全身的肌肉群，分为浅度伸柔操和深度伸柔操两种，以适度用力来达到健身的目的。因此，气功动柔操要遵循由浅至深、力度适中的原则，从而既达到引体令柔的目的，又不会造成肌肉拉伤或因内脏功能惰性引发的一系列问题。

二、动作柔畅、舒展连贯

气功动柔操的受众人群多为高校师生。动作设计上，不仅适合该类群体的生理和心理负荷，还注意动作的柔缓顺畅、美观连贯。这样，习练者可以更快地融合到动作中，并且能够长久地坚持下去。因此，本操注重动作柔畅、舒展连贯。

三、松紧得当、刚柔有度

气功动柔操具有民族传统导引功法的特点，也符合现代科学的习练原理。练习本功法时，应力求刚柔并济，并根据自身状况掌握尺度。动作的松紧程度需根据具体的动作要求，做到松与紧、刚与柔的协调配合，否则不能起到良好的健身效果。

鸣谢

气功动柔操是在本人多年习练"导引养生功以及健身气功"基础上创编的。感谢恩师北京体育大学体育养生教研室主任胡晓飞教授和中国著名养生学家、武术家张广德教授等老师们的多年培养，在此表示由衷的敬意。

基本手型与步型

一、基本手型

拳：四指屈拢收于掌心，大拇指扣于中指第一指节处。

握固：大拇指抵掐无名指根节内侧，其余四指自然卷曲掌心。

掌：五指微屈，稍分开，掌心微含。

八字掌：拇指与食指竖直分开成八字状，其余三指第一、二。指节弯曲于掌心，掌心微含。

开弓手：四指的一、二指节弯曲，大拇指在食指上。

二、基本步型

自然马步：开步站立，两脚间距为习练者脚长的 3~4 倍，屈膝半蹲，大腿略高于水平。

直角内弓步：开步站立，两脚间距为习练者脚长的 3~4 倍，重心向一边偏移成弓步状，偏移一方的脚尖朝前，另一只脚的脚尖朝偏移方向脚的内侧。

自然弓步：开步站立，两脚间距约为习练者脚长的 3~4 倍，重心向一边偏移成弓步状。

UIC 基础气功动柔操动作图解

预备式（起式）

① 左脚平开一步，与肩同宽，身体直立。
② 两手置于体侧，转掌心向前，两臂向前抬起，与肩同高时合掌于胸前，掌与胸同高，目视前下方。

动作要点

1. 头向上顶，下颌微收，舌抵上颚，双唇轻闭。
2. 沉肩坠肘，腋下虚掩。
3. 胸部宽舒，腹部松沉。
4. 收髋敛臀，上体中正。

提示

忌八字脚，双手合实过紧。

第一式　蛟龙出海

① 接上式，两臂抬起，下按落于体侧。
② 两手转掌心向前，两臂抬起，五指依次握拳，小臂外侧相叠收于胸前。

③ 右手成自然掌旋臂上挥，左手成自然掌向下旋臂挥掌，两手挥置身体两侧，掌心向外，头转向正左方。

④ 旋臂握拳收回于胸前。

⑤ 左手成自然掌旋臂上挥，右手成自然掌向下旋臂挥掌，两手挥置身体两侧，掌心向外，头转向正右方。

第七套　UIC基础气功动柔操
UIC Basic Qigong Movement Exercises

⑥ 重复两遍之后收拳，并且小臂相叠于胸前。

⑦ 两臂同时旋臂上撑，目视额前上方。

⑧ 两臂下落至体侧，同时左脚收回，并步站立，目视前方。

动作要点
1. 双拳相叠时，拳背和小臂背面尽量重合。
2. 拳面处于下颌部位。
3. 旋臂上下伸缩时，手腕不能折腕。
4. 转头时，下颌微收。

第二式　春燕报喜

① 旋臂外展，身体转向左侧45°。

② 两手旋至右胯前，右手食指、中指搭于左手手腕处（诊脉状），左脚脚跟抬起成丁步状。

③ 左脚向左方45°迈步，诊脉手向外画弧形摆至身体左前方，与肩同高，同时成左弓步状。

第七套　UIC基础气功动柔操
UIC Basic Qigong Movement Exercises

④ 双手顺势摆至胸前，两掌相合、掌心相对，右手在外、左手在里，左脚收回并步，右掌翻掌经面前上托，臂成弧形，掌心向上，掌指朝左；左掌下按，掌指朝前，臂自然伸直，两臂对拔拉长，恰似单臂举鼎；眼看向左前方45°。

动作要点
1. 上体中正，眼随手动。
2. 诊脉时，目视掌心。
3. 迈步时，绷脚起，翘脚落。
4. 单臂举鼎时，下手指尖向前，上手指尖与耳部相对。

⑤ 右掌自然下落，左手收回，两手置于腹前，掌心向上，捧掌。

⑥ 左、右交换，各两遍。

第三式　挽弓射日

① 接上式。身体重心右移；左脚侧开半步站立，两腿膝关节自然伸直；同时，两掌向上交叉于胸前，左掌在外，两掌心向内；目视前方。

❷ 上动不停。重心左移，右腿徐缓伸直变弓步，左脚脚尖向前成切跨弓步；同时身体转向正左侧，右掌屈指成开弓手，向右拉至肩前；左掌成八字掌，顺身体左侧向正后方推出，与肩同高，坐腕，掌心向后，犹如拉弓射箭之势；动作略停，目视左掌方向。

❸ 两掌收回交叉于胸前，右掌在外左掌在内，掌心向内，重心回正，身体转向正前方。

④ 身体重心右移，两手向外画弧，左脚回收成并步；同时，两掌分别由两侧下落，置于体侧，目视前方。

⑤ 同动作①~④，左、右相反，各两遍。

动作要点

1. 开步时，要注意开步的幅度，大小适中。
2. 开弓射箭时，后手肘关节向外顶，八字掌掌根向外推，对拉时上体保持中正。
3. 起收时左右手的变化，注意前后问题。
4. 直角内弓步时，后脚须前脚掌碾地。

第四式　麻姑献寿

① 接上式，身体左转45°，左脚脚跟抬起，向左前方 45°迈步，脚尖翘起，同时掌心翻向前，两手前举，与肩同高。

② 屈肘回收于胸前，掌心向下，与胸前距离约20厘米；身体前屈，两手下按，按至与膝同高；两手转掌向上，上捧至胸前，身体直立。

③ 身体继续前屈，两掌翻掌，掌心向下，两手下按，按至与踝同高；两手转掌向上，上捧至胸前，身体直立并转向正前方。

第七套　UIC基础气功动柔操
UIC Basic Qigong Movement Exercises

125

④ 重心右移左脚收回，与肩同宽，同时两手下按，置于身体两侧，目视前方。

⑤ 同动作①~④，左、右相反，各两遍。

动作要点

1. 下按时，竖腰竖项，百会穴保持斜中正。
2. 迈步后，前腿直、脚尖勾起，后腿屈。
3. 下按手掌距离身体10厘米，手掌下按时目视脚尖。
4. 下按时屈膝腿膝尖对准脚尖，不能超过脚尖。
5. 手掌下按时，迈步腿伸直，膝关节不要弯曲。

第五式　翻江倒海

① 接上式，左脚平开半步，下蹲成自然马步状，同时两手向前抬起，掌心向上，屈臂且两手握固于胸前，小臂相叠，拳眼朝向两侧，向下压，拳面与下颌同高。

ⓐ

ⓑ

❷ 两腿伸直，身体上起，两拳变掌，两臂外旋向上挥，直到两臂伸直，掌心向外。

(环跳穴)

❸ 两掌变拳，由身体两侧自然下落，拳振臀部外侧环跳穴，同时两腿下蹲变自然马步。

❹ 两拳变掌，由身体前方向上挥，经面前，挥至正上方，直到两臂伸直，同时重心上起，两腿伸直，掌心向外。

第七套　UIC基础气功动柔操
UIC Basic Qigong Movement Exercises

⑤　重复动作②~④，拳振臀部外侧环跳穴，同时两腿成自然马步状。

⑥　接上式，两拳变自然掌，两臂外展，掌心向上，两臂成侧平举状，屈肘，两手掌心向后，虎口顺势摩按身体两侧直到两臂伸直，置于体侧，同时重心右移，左步收回并步，两腿直立，目视前方。

⑦　同动作①~⑥，左、右相反，各两遍。

动作要点
1. 两手握拳下压时，收腹收胸，压缩胸腔。
2. 上撑掌时，腿部伸直，上撑手朝正上方，掌心向外。
3. 震体时，拳眼向前，振击环跳穴。

第六式　直上云霄

① 接上式，两手掌心翻向后方，两臂向外向前画弧；上举至身体前方，与肩同高，同时身体左转45°，掌心向上。

② 两手翻掌下按至身体两侧，同时左脚脚尖翘起，向左前方45°迈步。

③ 重心前移，身体前倾，前脚直立，后脚脚跟踮起，同时两手合掌于胸前，上举至头顶上方，目视前上方。

第七套　UIC基础气功动柔操
UIC Basic Qigong Movement Exercises

④ 两掌分开，由身体两侧自然下落，同时重心右移收左步，两手收于身体两侧，开步站立，目视前面。

⑤ 同动作①~④，左、右相反，各两遍。

动作要点
1. 迈步按掌时，两掌按于髋关节斜前侧，同时前脚为勾脚。
2. 合掌身体上升时，两掌合实，中指向前向上。
3. 身体上升时，前脚踩实，后脚脚跟踮起，整个脊柱对拔撑拉。
4. 双手上行时两臂夹耳，双手尽量合实。
5. 回收时，两手打开需舒展，目视前方。

收势

① 接上式，两臂内旋，向两侧摆起，与髋同高，掌心向后，目视前方。

② 两臂屈肘，环抱于腹前。

③ 两手下落，掌心向上，指尖相对。接下来两手向两侧打开，向上拢气，拢至头顶，气灌百会，连续做两次后，两臂自然下落，两掌轻贴于两腿外侧，目视前方。

ⓐ

ⓑ

ⓒ

④ 两掌虎口交叉，叠于丹田处（自然交叉，不分左右），目视前方，静养3秒。

⑤ 两臂自然下落，两掌轻贴于两腿外侧，左脚收回，并步站立，目视前方。

动作要点
1. 体态安详，周身放松，呼吸自然。
2. 静养时，两眼虚闭。

第八套　UIC 深度气功动柔操

UIC Advanced Qigong Movement Exercises

方文泽　创编

UIC 深度气功动柔操动作图解

预备式（起式）

① 左脚平开一步，与肩同宽，身体直立。

② 两手置于体侧，转掌心向前，两臂向前抬起，与肩同高时合掌于胸前，掌与胸同高，目视前下方。

③ 两臂抬起，下按落于体侧。

动作要点

1. 头向上顶，下颌微收，舌抵上颚，双唇轻闭。
2. 沉肩坠肘，腋下虚掩。
3. 胸部宽舒，腹部松沉。
4. 收髋敛臀，上体中正。
5. 回收时，两手打开需舒展，目视前方。

提示

忌开步八字脚，双手合实过紧。

第一式　霸王举鼎

① 接上式，两手腹前托掌，上托至胸前，翻掌上托，托掌至头顶上方。

② 两手两侧自然下落，屈肘，两手捧于腹前。

③ 左脚侧开半步，两手上托至头顶正上方。

④ 两手两侧自然下落，两手捧于腹前，重心下移，两腿成马步状。

动作要点

1. 托掌至头顶上方时，掌心向上，掌背正对肩井穴。
2. 托掌举鼎时，掌根用力，指尖相对。
3. 托掌时，目视前下方。
4. 马步捧掌，上体立直。
5. 两手下落，过肩屈膝，膝尖不超过脚尖。

⑤ 两手继续上托，重心右移，两手体侧下落，左脚收半步，屈膝，收于腹前托掌，目视前方。

⑥ 左、右交换，各一遍。

第二式　左右推山

① 两肘上提，身体转向左侧45°。

② 两手上移，立掌于胸前，左脚脚跟抬起，成丁步状。

第八套　UIC深度气功动柔操
UIC Advanced Qigong Movement Exercises

③ 左脚向左方45°迈步，两掌顺势前推，掌根与肩同高，同时成左弓步状。

④ 重心右移，左脚内扣，右手摆掌至右肩前，目视前方，左掌置左肩前。

⑤ 两掌于身体两侧自然下落，右脚收回，两手捧于腹前，掌心向上。

⑥ 左、右交换，各两遍。

动作要点
1. 上体中正，眼随身动。
2. 胸前立掌时，掌心相对。
3. 迈步时，绷脚起、翘脚落。
4. 两手推掌时，随着重心前移，两掌犹如推山一般。

第三式　海底捞月

① 接上式，两手按掌后撑，顺势两臂外展，顺身体两侧上行。

② 两手下按，经面前，与胸同高时躬身，上体前屈竖项，两掌按至两脚中间。

③ 向左转腰，身体随之转向左方，左掌顺势向左摆至上方，两眼目视左上方。

④ 身体转正，左臂回正。

a

b

第八套　UIC深度气功动柔操
UIC Advanced Qigong Movement Exercises

⑤ 屈膝，两手上捧，至胸前，转掌下按，两腿直立。
⑥ 同动作①~④，左、右相反，各两遍。

动作要点

1. 身体前倾时，百会穴上领，竖项。
2. 摆臂时，上体整体旋转，重心不变，保持在两腿中间。
3. 起身上捧，臀部内收，竖项，目视前下方。

第四式　武松擒虎

① 两手两侧外展，胸前抱球，右手在上，左手在下，掌心相对。

② 身体右转，右手腋下反攒，手臂伸直，左手转掌心向上，向右前方45°伸出。

（下按手）

（上托手）

③ 身体左转，两臂顺势左摆，待右臂摆至正左方，目视左前方。

④ 身体回正，左臂向身体左侧上摆至左肩上方时，下按，按至左胯前，指尖向前；右臂提前下落，顺势向身体右侧上托，至右肩上方亮掌，掌心向上，指尖向左，同时左脚提膝，脚尖绷直。

⑤ 左脚下落，上手转掌体前下落，下手翻掌心向上，两手收至腹前，捧掌。

⑥ 同动作①~⑤，左、右相反，各两遍。

动作要点

1. 摆臂转身时，肩膀放松，头正颈直。
2. 摆掌时，不能折腕。
3. 下按手掌距离身体10厘米，亮掌手背对准肩部，同时目光平视，下按手置于胯斜前。
4. 提膝时，膝关节尽量过腰，且绷直脚尖。
5. 提膝独立时，上体中正。

第五式　莲开并蒂

1. 左脚侧开半步，两手体侧上捧，至正上方。

（重心向下移）

2. 至正上方后，交叉下落，同时重心左移，右脚侧步于左脚后侧。

3. 交叉手顺势两侧下落，两腿屈膝下蹲，成歇步状，两手按在胯外侧，指尖向内，目视前下方。

4. 两手翻掌捧于身前，随身体上起两手上捧，捧至胸前，同时右脚向右侧步，两掌外推，重心右移。

（重心上起）

a　　　b

⑤ 两手舒指，指尖向外，伸直平举，左脚收回，并步站立，两臂下落，捧于腹前。

⑥ 同动作①~④，左、右相反，各两遍。

动作要点

1. 歇步时，上体中正，百会上领。
2. 歇步按掌时，两掌下按，与踝关节同高，指尖距踝关节10厘米左右，两手指尖尽量相对。
3. 开步重心平稳，切勿起伏，重心左右移动需明显。

第六式　遨游蓬莱

① 两手外展，随后身体转向左侧 45°，两手向外向前画弧，摆至胸前，掌心向上，两手与肩同高。

第八套　UIC深度气功动柔操
UIC Advanced Qigong Movement Exercises

② 两掌翻掌下按至身体两侧，同时左脚脚跟抬起，向左前方45°迈步。

③ 重心前移，右腿屈膝提起，左腿伸直，右脚尖自然下垂成独立势；同时两掌向前上方托捧，两掌略高于肩，掌心向上。

④ 重心下沉，右脚右后方侧步，重心右移，两掌两侧分掌，左脚收回并步站立，目视前方。

⑤ 同动作②、③、④相同，各两遍。
⑥ 右脚收半步，开步站立，平视前方。

动作要点
1. 身体转动时，目光平视。
2. 迈步按掌时，两掌按于髋关节斜前两侧，同时前脚尖勾起。
3. 提膝上托时，两臂沉肘略屈，两掌距略窄于肩。
4. 提膝，脚尖自然下搭，目视两手方向。

收势

① 接上式，两臂内旋，向两侧摆起，与髋同高，掌心向后，目视前方。

② 两臂屈肘，环抱于腹前，指尖相对。

③ 两手下落，掌心向上，两手向两侧打开，上捧。

④ 捧至头顶上方，下按至胸前、腹前，接做两次后，两臂自然下落，两掌轻贴于两腿外侧，目视前方。

第八套　UIC深度气功动柔操
UIC Advanced Qigong Movement Exercises
143

❺ 两掌虎口交叉，叠于丹田处（自然交叉，不分左右），目视前方。

❻ 两臂自然下落，两掌轻贴于两腿外侧，左脚收回，并步站立，目视前方。

动 作 要 点
1. 体态安详，周身放松，呼吸自然。
2. 静养时，两眼虚闭。

参考文献

[1] Ungaro A．Pilates practice companion ［M］．London：Dorling Kindersley Limited，2011．

[2] Knight L．Exercise Ball for Weight Loss ［M］．London：Kyle Cathie Limited，2005．

[3] Walker B．The Anatomy of Stretching ［M］．California：Lotus Publishing，2011．

[4] Stanmore T．Pilates Back Book ［M］．London：Hamlyn，2010．

[5] Eisen I．Pilates ［M］．Victoria：Hinkler Books Pty Ltd，2012．

[6] Robinson I，Bradshaw L，Gardner N．The Pilates Bible ［M］．London：Kyle Books，2011．

[7] Ungaro A．15 Minute Everyday Pilates ［M］．London：Dorling Kindersley Limited，2008．

[8] Gavin J．The Book of Pilates ［M］．Bath：Parragon Books Ltd，2010．

[9] 凯莲娜·史钊域．轻轻松松练普拉提 [M]．梁月华，译．香港：万里机构·得力书局，2005．

[10] 布莱德·华克．酸痛拉筋解剖书 [M]．郭乃嘉，译．台北：橡实文化事业股份有限公司，2011．

[11] 鲍勃·安德森．拉伸 [M]．边然，译．北京：北京科学技术出版社，2010．

[12] 董安立．脊骨正不生病 [M]．香港：万里机构·得力书局，2012．

[13] 田纪钧．拉筋让你更健康 [M]．香港：万里机构·得力书局，2013．

[14] 潘东华,陈文治,韦春德．韦以宗整脊手法图谱[M]．北京：人民卫生出版社，2011．

[15] 艾比·埃尔斯沃斯．彼拉提斯解剖书 [M]．王怡璇，译．台北：远足文化事业股份有限公司，2012．

[16] 卢玄皓．极简拉伸最有效的30秒塑体运动 [M]．金成淑，译．北京：北京科学技术出版社，2014

[17] 健身私人教练编写组．哑铃健身私人教练100课 [M]．北京：化学工业出版社，2015．

[18] 朱恩，余宝珠，梁惠梅．常见病康复运动全图解 [M]．香港：万里机构·得力书局，2014．

[19] 国家体育总局健身气功管理中心. 健身气功·易筋经[M]. 北京：人民体育出版社，2003.

[20] 国家体育总局健身气功管理中心. 健身气功·八段锦[M]. 北京：人民体育出版社，2003.

[21] 国家体育总局健身气功管理中心. 健身气功知识荟萃[M]. 北京：人民体育出版社，2011.

[22] 卢贤浩. 最强30秒拉筋操[M]. 陈馨析，译. 台北：采实文化事业有限公司，2013.